FACULTÉ DE DROIT D'AIX

THÈSE

POUR LA LICENCE

PRÉSENTÉE

PAR J. CAUVIN

Né à Toulon (Var)

TOULON

TYPOGRAPHIE LAURENT, RUE NATIONALE, 49.

1871

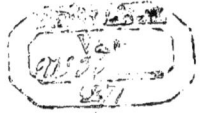

FACULTÉ DE DROIT D'AIX

THÈSE

POUR LA LICENCE

PAR J. CAUVIN

Né à Toulon (Var)

TOULON

TYPOGRAPHIE LAURENT, RUE NATIONALE, 49.

1871

OPTIMIS ET CARISSIMIS

PARENTIBUS

SOMMAIRE

DROIT ROMAIN

DE VULGARI & PUPILLARI SUBSTITUTIONE

Substitutiones definire possumus : conditionales secundariasque institutiones sub altera principali institutione positas.

Quia civibus Romanis permagni momenti erat non intestatos mori, et quia etiam, heredis institutione aliquam ob causam deficiente, deficiebant ceteræ institutiones, his substitutionibus frequenter uti solebant. Quarum autem duo genera discernebant : hanc vulgarem, illam pupillarem substitutionem vocabant. Similes in eo quod ambo ad occurrendum discrimini intestato moriendi tendebant, hæc autem inter eas erat differentia ut vulgaris substitutio illud discrimen ab ipso testatore, pupillaris autem ab his qui die testamenti in potestate testatoris sunt, mortuoque illo sui juris erunt, averteret.

Primum igitur vulgaris substitutionis principia exponemus , postea pupillaris. Aliquod etiam in fine dicemus de altero genere substitutionis ab imperatore Justiniano constituto, quod exemplariam vel quasi pupillariam substitutionem vocat.

De vulgari substitutione

Substitutionem facimus cum post institutum heredem addimus : « Et si ille heres non erit, ille heres esto. » Et deinceps in quantum velimus substituere.

Vulgaris dicitur hæc substitutio quia frequentissime utebantur ab ea, præsertim sub imperio legis Pappiæ et Poppææ quæ caduca instituebat. Sic gravissima enim caducorum observatio erat ut substitutiones introducerentur ne fierent caduca.

Sæpissime testator novissimo loco in subsidium servum necessarium heredem instituebat, ita ut, si defecissent omnes præcedentes gradus, adversus ultimi gradus repudiationem præmunitus esset.

Potest etiam testator substituere plures in locum unius, vel unum in plurium, vel singules singulis. Aliquoties etiam invicem ipsi substituuntur qui heredes instituti sunt. Si ita res sunt, pars deficientium heredum accipientibus pro rata parte accedet, non jure accrescendi, sed proprio jure substitutionis, non propter primam institutionem, sed propter secundam conditionalemque institutionem, non ipso jure, sed ex causa novæ aditionis.

Si heredes invicem substituti nullam mentionem partium habuerint in substitutione, videntur eas habuisse partes quas in institutione expressit testator. Potest tamen illo alias in institutione, alias in substitutione partes assignare.

Qui substituto substitutus fuit, ipso instituto tacitè substitum esse censetur sine ulla distinctione temporis quo ceciderit præcedens institutio, sive ante casum principalis institutionis, sive posteriore tempore cadat. Quod non dubium est cum prior cadit principalis institutio. Nam primæ substitutionis tunc jus incipit, primo substituto hereditas affertur. Quo autem recusante vel mortuo, haud dubium est quin altero substituto qui ad proximum gradum ascendit, hereditas devolvatur. Sed contrà apud jurisprudentes hæc dubia quæstio erat an substitutus inferioris gradûs hereditatem adire potuisset si acciderit ut primus substitutus moreretur vel hereditatem adire non posset antequam ipsa irrita esset prima institutio. Quam autem resolverunt Severus et Antoninus rescribentes hoc casu ad utramque partem substitutum admitti.

In ipsâ definitione vidimus substitutionem non aliud esse quam aliquod genus institutionis. Ex eo fit ut easdem capacitatis conditiones a substituto quam ab instituto requirantur. Et cum sub illa facta fuerit conditione : « *Si heres non erit* » evanescit si ipsa evanescit conditio, id est si hereditatem institutus heres adit. Jus autem substitutionis incipit cum post mortem testatoris certum fit ut institutus non heres erit.

Hunc casum præviderunt institutiones : si quis servum alienum patrem arbitratus heredem scripserit et illi alium substituerit, isque servus hereditatem jussu domini adierit, substitutus in partem admittetur. Non enim nulla est prima institutio, adhuc manet, sed quia non effectum habet quod prævidebat testator, jus substituti etiam incipit et concursu jurium partes fiunt.

De pupillari substitutione.

Substitutionem pupillarem definimus : institutionem heredis a patre familias scriptam in proprio suo testamento propter hereditatem impuberis filii quem in potestate habet, ut valeat hæc institutio si supervivus filius moriatur antequam puber factus sit, testamentique factionem habeat. Quamvis enim impuber sui juris faciendi testamenti jus habeat, hoc tamen exercere jus propter ætatem non potest. Propterea moribus institutum erat ut , cum hujus ætati filii sint in qua ipsi sibi testamentum facere non possunt, pater eis faciat, ut, si heredes ei exstiterint et adhuc impuberes mortui fuerint, sit eis aliquis heres.

Frequenter pupillarem cum vulgari substitutione in eadem institutione testator jungit, veluti si dicit : « Titus filius meus heres esto ; et si filius meus heres mihi non erit, sive heres erit et priùs moriatur quam in suam tutelam venerit, tunc scius heres esto. » Quo casu, si filius non exstiterit heres, tum substitutus patri fit heres ex causa vulgaris substitutionis. Si vero extiterit heres filius et ante pubertatem decesserit, tunc filio fit heres substitutus, pupillari substitutione.

Omnibus impuberibus liberis quos in potestate quis habet, substituere potest. Et cum jus substituendi a patriâ tantum potestate emanat, sequitur ut etiam exheredatis impuberibus substituere possit. Haud dubium tamen est quin rumpatur testamentum inofficiositatis querela si injuste exheredati fuerint vel omissi.

Nepotibus vel pronepotibus cujuscumque sexus vel gradûs quos proximos in potestate habemus substituere possumus. Eadem etiam dicemus de posthumis quibus substituere parentes possunt, si forte eveniat ut patre mortuo ante testatoris mortem, hujus sub potestati cadant. Oportet ut in testamento instituti vel exheredati sint ne eorum agnatione vel quasi agnatione rumpatur testamentum.

Singulis autem liberis, vel ei qui novissimus impubes morietur substitui potest. Cum singulis substituitur, nemo eorum intestatus decedit. Cum autem novissimo, jus legitimarum successionum integrum inter eos servatur. Quo casu in novissimi supremique impuberis mortui successioni, omnes hereditates quæ illi ab intestato pervenerunt invenit substitutus.

Heredes impuberi scribere potest pater omnes quos sibi ipsi instituere potest. Imo, quos necessarios sibi heredes instituit, ut, verbi gratià, filium, servum, illi etiam cui substituitur necessarii heredes sunt : duæ vero institutiones duæ hereditates sunt, sed idem testamentum. Sed alios sibi, alios filio heredes instituere potest.

Ex ipsa substitutionis definitione hanc hauriemur regulam : masculo usque ad quatuordecim annos, femina usque ad duodecim, id est ad pubertatem substitui posse. Si hoc tempus excesserint substitutio evanescit, nam defecit conditio.

Aliis etiam causis evanescit substitutio : si ille cui substitutio facta est ante mortem testatoris interit, si testatoris potestate eximitur, et multis aliis causis. Verum perfectâ conditione, pupillaris substitutus hereditatem filii impuberis decessi adit et successores ab intestato excludit. Omnibus succedit bonis, sive a paterna hereditate proveniant sive ab extranea : non potest enim institutus pars testatus pars intestatus mori.

Maxime militibus favebant leges. Illi enim qui militiam agebant filiis et puberibus substituere, testamentum suum separatim a substitutione facere, et pro bonis tantum propriæ successionis substituere poterant.

De quasi-pupillaria substitutione.

Aliquod nunc dicemus de quasi pupillaria vel exemplaria substitutione ab imperatore Justiniano constituta. Qua prospectum est ut, si mente captos habeat quis filios, vel nepotes, vel pronepotes cujuscumque sexus vel gradûs, liceateis etiam puberes sint certas personas substituere , quas ordo successionum primo gradu vocaret : descendentes, fratres sororesve; et si neque descendentes, neque fratres sororesve habeant quaslibet personas.

Sin autem resipuerint infirmatur substitutio.

Hanc videmus substitutionem aliquomodo pupillari similem esse, si mente captum hominem impuberi æquiparamus.

DROIT CIVIL

DES PRÉSOMPTIONS LÉGALES

Le Code définit la présomption : la conséquence que le juge tire d'un fait connu à un fait inconnu. Cette définition est exactement la même que celle de la preuve. Le nom de présomption semble cependant indiquer un genre de preuve moins fort que la preuve elle-même. Il y a, en effet, entre la preuve et la présomption cette différence que, dans la preuve, l'acte ou le fait d'où le juge tire la conséquence à un fait inconnu est patent, se passe en quelque sorte sous ses yeux, tandis que, dans la présomption, ce fait n'est pas patent; il faut que celui qui invoque une présomption administre d'abord la preuve du fait qui lui sert de base. La preuve fait foi directement et par elle-même, dit Pothier, la présomption par une conséquence tirée d'une autre chose.

Plusieurs auteurs, corrigeant la définition insuffisante du Code, l'ont remplacée par celle-ci : « La présomption est la conséquence que la loi ou le magistrat tire d'un fait connu autre que l'aveu de la partie ou le témoignage des hommes, (seuls faits qui, se passant sous les yeux mêmes du juge, n'ont pas besoin d'être prouvés) à un fait inconnu.

On distingue deux sortes de présomptions : les présomptions légales et celles qui ne viennent pas de la loi. Nous n'avons à nous occuper ici que des premières.

CAUSES DES PRÉSOMPTIONS LÉGALES.

———

Les présomptions légales sont celles qui sont attachées par une loi spéciale à certains actes ou à certains faits (art. 1350). Pour prévenir les incertitudes, la loi a fixé d'avance le jugement que devait porter le juge dans certains cas déterminés.

Il ressort de la définition même que ces présomptions sont obligatoires pour le juge, qui doit les tenir pour vraies, lors même qu'il serait personnellement convaincu qu'elles sont contraires à la vérité ; qu'elles sont de droit étroit et qu'elles ne peuvent être étendues par analogie des cas prévus par la loi à d'autres cas semblables.

Les actes et les faits dont parle l'article 1350 sont fort nombreux dans le Code, et notre article même cite à titre d'exemple :

1° Les actes que la loi déclare nuls comme faits en fraude de ses dispositions d'après leur seule qualité. Telle est la présomption de l'article 918 relative à l'aliénation à charge viagère ou à fonds perdu, ou avec réserve d'usufruit faite à un successible en ligne directe ;

2° Les cas dans lesquels la loi déclare la propriété ou la libération résulter de certaines circonstances déterminées : tels sont, par exemple, les effets de la prescription ;

3° L'autorité que la loi attache à la chose jugée. C'est une des plus importantes présomptions. Nous l'étudierons à part ;

4° La force que la loi attache à l'aveu de la partie et à son serment. Ce quatrième doit être, de l'avis de la plupart des commentateurs, considéré comme non avenu. L'aveu n'est pas une présomption, c'est la meilleure des preuves. Quant au serment, c'est plutôt encore une transaction qu'une preuve. Le Code, d'ailleurs, présente (art. 1316) l'aveu et le serment comme formant la quatrième et la cinquième catégorie des preuves.

FORCE PROBANTE DES PRÉSOMPTIONS.

———

La principale différence qui existe entre la présomption de fait ou de l'homme et la présomption légale, c'est que celle-ci dispense de toute preuve celui au profit duquel elle existe (art. 1351 § I). Prouver l'existence du fait connu duquel la loi tire la conséquence au fait inconnu ou contesté, voilà la seule chose qu'ait à faire celui qui invoque une présomption légale. Lors même que dans ce cas particulier la conséquence que la loi en tire serait fausse, il aurait gain de cause : ce qu'elle a déduit d'une manière générale doit toujours être tenu pour vrai.

Ainsi, vous réclamez le paiement d'une dette échue depuis trente ans. A l'appui de votre prétention vous produisez votre titre de créance. Pour moi, je n'ai aucune preuve de ma libération, mais j'invoque la prescription trentenaire : je n'ai qu'une chose à prouver, que trente ans se sont écoulés depuis l'échéance sans que vous m'ayez poursuivi en justice pour me contraindre à me libérer. De cette longue inaction, la loi tire la conséquence que je vous ai payé. Peu importe que cette conséquence soit ou non conforme à la vérité : je n'avais qu'une chose à prouver, le fondement de la présomption : je l'ai fait ; je n'ai pas à prouver l'exactitude des conséquences qu'en tire la loi. Mais l'adversaire peut-il fournir la preuve de l'inexactitude de ces conséquences ? Ici se place la distinction des présomptions en présomptions simples et présomptions absolues.

1. — Des présomptions simples.

Ces présomptions forment le droit commun. Leur effet peut être paralysé par la preuve contraire. Mais peut-on les combattre par une présomption de fait ? On dit pour la négative que le magistrat peut bien opposer une présomption de fait à une présomption de fait, mais que les présomptions légales ne peuvent être combattues que par la preuve contraire. Cependant, les présomptions de fait pouvant être admises toutes les fois que la preuve testimoniale l'est aussi, les partisans de l'affirmative prétendent qu'il n'y a dans l'espèce, aucune raison de les rejeter.

Quoiqu'il en soit, la présomption simple a pour effet de dispenser celui qui l'invoque de fournir la preuve de l'exactitude de ses conséquences, et de modifier ainsi à son profit la règle : *Onus probandi incumbit et qui dicit, non ei qui negat.*

2. — Des présomptions absolues.

Les présomptions absolues sont celles contre lesquelles aucune preuve n'est admise lorsque la loi n'a pas, dans un texte positif, réservé à celui contre lequel on les invoque, le droit de les combattre.

L'article 1352 énumère comme présomptions absolues :

1° Celles sur le fondement desquelles la loi annule certains actes.

Ainsi, toutes les fois que la loi annule un acte comme présumé fait en fraude de ses dispositions, cette présomption est invincible ; il n'est permis dans aucun cas de l'attaquer en offrant d'administrer la preuve contraire ;

2° Celles sur le fondement desquelles elle refuse l'action en justice.

Refuser l'action en justice, c'est donner à la personne contre laquelle l'action pourra être dirigée le droit de la repousser au moyen d'une simple fin de non recevoir. Ces présomptions fournissent donc au défendeur une exception péremptoire au moyen de laquelle il repousse l'action. Telles sont la prescription, l'autorité de la chose jugée. Mais l'article 1352 apporte à cette règle des exceptions ainsi formulées : « A moins que la loi n'ait réservé la preuve contraire, et sauf ce qui sera dit sur le serment et l'aveu judiciaire. » La loi a donc réservé dans certains cas à celui à qui on oppose une de ces présomptions, le droit de la combattre par la preuve contraire. Ainsi, bien que la remise de la grosse du titre, fasse présumer de la part du créancier la remise de la dette ou le paiement, celui-ci est autorisé à prouver qu'il n'a pas entendu renoncer à sa créance.

Quant à ces derniers mots : « Sauf ce qui sera dit sur le serment et sur l'aveu judiciaire, » on admet qu'ils visent les articles 1350 et 1356 qui décident que l'aveu fait pleine foi contre la partie qui l'a fait, et que le serment peut être déféré sur toute contestation et en tout état de cause. En effet, l'aveu et le serment ne sont pas des preuves dirigées contre l'adversaire, mais des moyens qui laissent, au contraire, la solution à la conscience de celui-ci. Par suite, l'aveu et le serment peuvent être admis contre ces prétentions absolues que la loi peut bien abandonner quand celui-même au seul profit duquel elles sont établies, les déclare fausses. Mais il n'en serait pas de même si la présomption, au lieu d'être établie dans le seul intérêt d'une partie, intéressait en même temps l'ordre public, comme, par exemple, l'autorité de la chose jugée : dans ce cas, elle serait invincible.

Il reste à parler d'une manière spéciale de l'autorité de la chose jugée.

DE L'AUTORITÉ DE LA CHOSE JUGÉE.

Cette présomption a été établie dans un intérêt d'ordre public. La chose décidée par le jugement est réputée vraie, *res judicata pro veritate habetur*. Le juge, il est vrai, peut se tromper, mais sa décision est réputée, par la loi, la vérité même.

Ce principe est un des plus solides fondements de la société civile. « *Status rei publicæ maxime rebus judicatis continetur*, » disait Cicéron. En effet, sans ce principe, tout pourrait sans cesse être remis en question ; les procès n'auraient pas de fin et les familles n'auraient pas de sécurité, s'il était permis de retarder indéfiniment l'exécution des arrêts de la justice, en reportant sans cesse devant elle les différends qu'elle a déjà jugés.

Mais cette présomption n'est que relative. A côté de cette règle, qui a pour but d'empêcher les citoyens de porter le trouble au sein de l'État en agitant sans cesse les mêmes questions, se trouve un correctif, c'est la règle : *Res inter alios judicata alteri neque nocere neque prodesse potest*. C'est, d'ailleurs, la même règle que pour les contrats ; car on peut assimiler un jugement à une transaction par laquelle les parties remettent la solution de leur litige à la décision des tribunaux.

Quand peut-on dire qu'il y a autorité de la chose jugée ? L'autorité de la chose jugée ne peut s'appliquer qu'aux jugements définitifs ; dès qu'il y aura « *res judicata* » la décision du juge devra être regardée comme vraie. Mais cette autorité n'a lieu qu'à l'égard des personnes qui ont été parties au jugement, et à l'égard de ce qui fait l'objet du jugement.

Il faut donc, pour qu'on puisse opposer l'exception de la chose jugée, que la seconde demande soit la même que celle qui a déjà été jugée. Elle est la même toutes les fois qu'elle met les juges dans l'alternative de confirmer leur premier jugement ou de rendre une décision contradictoire qui détruirait ou modifierait la première. Or, pour que les juges se trouvent dans cette alternative, il faut que trois conditions se rencontrent : 1° identité de la chose demandée ; 2° identité de la cause ; 3° identité de personnes.

1. — *Identité de la chose demandée.*

L'objet de la demande est le but immédiat que l'on se propose d'atteindre en plaidant, le bénéfice que l'on réclame. Il est évident que si après avoir succombé dans une action possessoire en reintégrande au sujet de tel immeuble, j'intente une action en revendication au sujet du même immeuble, la question que je soulève n'est pas la même ; elle n'a pas été jugée ; il n'y a pas identité d'objet. L'objet de ma première demande était la possession ; celui de la seconde la propriété — l'exception de la chose jugée ne m'est pas opposable.

En général, l'objet de deux demandes est le même, si le jugement, en le supposant rendu conformément aux prétentions du demandeur, doit confirmer ou modifier le premier jugement.

Puis-je faire valoir mon droit sur une partie après avoir succombé dans une demande pour le tout ? La question est controversée, mais l'affirmative semble rationnelle : je puis, en effet, avoir un droit sur la partie sans avoir un droit sur le tout, avoir le droit de *via*, sans avoir celui d'*iter*.

2. — *Identité de la cause.*

On entend par cause le fait générateur. le fondement immédiat du droit réclamé par le demandeur. Ainsi, j'intente contre vous une action en rescision d'un contrat, fondée sur un vice du consentement : l'objet de ma demande, c'est la rescision du contrat ; la cause, c'est le vice du consentement. Si je succombe, je puis renouveler mon action en la fondant sur mon incapacité, car la cause ne sera pas la même.

Il est essentiellement important de ne pas confondre la cause, base immédiate de la prétention, avec les moyens qui en sont les bases médiates, qui sont en quelque sorte les causes de la cause. La seconde demande doit toujours être écartée, quand la cause est la même, lors même que les moyens seraient différents. De même l'identité de cause subsisterait et l'action devrait être écartée, si les moyens d'action seuls différaient : si donc j'ai succombé dans une pétition d'hérédité formée quant au tiers d'un patrimoine, par exemple. je devrais être repoussé si j'intente une action en partage, car la cause de mes deux demandes, le titre d'héritier, est identique dans les deux cas.

3. — *Identité de personnes.*

Les jugements sont spéciaux aussi bien quant aux personnes qui ont été parties au procès, que quant aux choses objets du litige. La chose jugée est donc opposable seulement aux personnes qui ont été parties du procès. Mais il ne s'agit point ici d'identité physique, mais d'identité juridique : il faut que l'on agisse dans le second procès avec les mêmes qualités que dans le premier. Je puis donc intenter en mon propre nom une action pour laquelle j'ai déjà été repoussé, quand je l'intentais pour un mineur en ma qualité de tuteur. S'il y a, en effet, identité physique, il n'y a pas identité juridique. Il peut même arriver que, la même personne agissant pour son compte dans deux actions, la circonstance qu'elle se présente comme héritière d'un tel dans la première, puis de tel autre dans la seconde, fasse obstacle à l'autorité de la chose jugée, pourvu que la qualité en vertu de laquelle elle agit dans la seconde action n'existât pas lorsqu'elle a intenté la première.

L'identité juridique peut disparaître, les personnes restant les mêmes. Réciproquement, elles peuvent changer et l'identité juridique subsister. Ainsi les mandants sont représentés par leur mandataire légal, judiciaire ou conventionnel. Ainsi encore un héritier pur et simple ou un ayant cause universel a été représenté par son auteur dans tous les jugements rendus pour ou contre lui, sauf la distinction que l'ayant cause universel n'est tenu qu'*intra vires bonorum*.

Quand aux successeurs ou acquéreurs à titre particulier, ils ont été représentés par celui dont ils sont les ayants cause pour tout ce qui a été fait par lui, au sujet de la chose pour laquelle ils succèdent, antérieurement à leur acte d'acquisition.

Le jugement rendu contre un débiteur est-il opposable aux créanciers chirographaires? Oui, car les créanciers qui n'exigent aucune sûreté spéciale approuvent tacitement tous les actes par lesquels il pourra diminuer son patrimoine aussi bien en contractant qu'en plaidant, sous cette seule condition qu'il n'y ait de sa part ni fraude ni vol. Mais il ne serait pas applicable à la caution : car le jugement ne peut avoir ni plus ni moins d'effet qu'une transaction et une transaction ne serait pas opposable à la caution. Mais le jugement rendu en faveur du débiteur principal profite à la caution, qui peut se prévaloir d'un jugement qui déclarerait la dette nulle, éteinte ou même moins ancienne. L'obligation de la caution ne peut, en effet, exister que comme accessoire d'une obligation principale.

Il en serait de même du jugement rendu pour ou contre un débiteur solidaire, qui serait opposable par ses codébiteurs, mais qui ne pourrait leur être opposé, par cette raison qu'un débiteur solidaire est censé n'avoir reçu mandat de ses codébiteurs que pour améliorer leur position.

L'autorité de la chose jugée est telle que, lors même que la partie condamnée retrouverait après le jugement des titres décisifs en sa faveur, elle ne pourrait recourir contre le jugement, à moins qu'elle ne justifiât que ces titres étaient retenus par son adversaire, ce qui donnerait ouverture à la requête civile.

DROIT PÉNAL

DES PERSONNES QUI PEUVENT EXERCER L'ACTION CIVILE

NÉE D'UNE INFRACTION PUNISSABLE,

Et de celles contre lesquelles on peut l'exercer.

Tout fait auquel la loi attache une peine, donne naissance à deux actions : l'une en faveur de la société dont il trouble l'ordre, c'est l'action publique, intentée par les magistrats représentants de la société, et qui est désignée sous le nom d'action civile.

Cette action peut être intentée toutes les fois qu'une infraction punissable a lésé une personne ou l'a troublée dans l'exercice d'un droit légitime.

Nous avons à rechercher quelles sont les personnes qui peuvent l'exercer, et celles contre qui elle peut être intentée.

DES PERSONNES QUI PEUVENT EXERCER L'ACTION CIVILE.

I.

L'action civile ayant uniquement pour but d'obtenir la réparation du préjudice causé par l'auteur d'un crime, d'un délit, ou d'une contravention, en faisant condamner l'auteur de cette infraction à des dommages intérêts, il est de principe qu'elle appartient à ceux-là seuls qui ont souffert une lé-

3

sion : « *Ipsi qui passus est injuriam, actio injuriarum competit.* » La réparation d'un préjudice ne peut être, en effet, poursuivie que par celui qui a souffert de ce préjudice.

La première condition nécessaire pour qu'une personne puisse exercer l'action civile, est donc que le fait punissable lui ait causé un préjudice personnel, de telle sorte qu'elle ait un intérêt direct à constater le délit et en demander la réparation. Mais de quelle sorte doit être ce préjudice ? Suffit-il d'avoir été blessé dans ses goûts, ses habitudes, ses affections ? Il est évident qu'un préjudice de cette sorte ne donne point ouverture à l'action civile : la loi exige qu'elle soit fondée sur un préjudice sérieux et appréciable, sur un dommage éprouvé par le plaignant dans sa personne, son honneur ou sa fortune. Ainsi une lésion purement morale peut servir de fondement à l'action civile, car on a un intérêt aussi direct à faire réparer l'atteinte portée à sa réputation qu'à obtenir l'indemnité d'un dommage causé sur sa personne ou sur ses biens.

Non seulement l'intérêt doit être direct, mais encore il faut que le droit à la réparation du délit soit formé, actuel ; il faut que le préjudice soit réel, qu'on en ressente les effets, qu'au moment où l'on intente l'action on en ait déjà éprouvé les atteintes.

II.

Comme toutes les autres actions, l'action civile exige, de la part de la personne qui veut l'intenter, l'exercice des droits civils, la capacité d'ester en justice.

Par suite, ne pourraient se porter parties civiles :

1º Le mineur non émancipé, s'il n'est représenté par son père ou son tuteur ;

2º L'interdit sans le secours de son tuteur ;

3º La femme mariée sans l'autorisation de son mari ou de la justice ;

4º Les condamnés à des peines afflictives et infamantes temporaires, car ils sont, pendant toute la durée de leur peine, en état d'interdiction ;

5º L'étranger non admis à jouir de ses droits civils, s'il ne fournit point la caution *judicatum solvi*.

III.

Quoique l'on ne soit pas l'objet direct, la victime du délit, on peut avoir souffert par suite de ce délit et être par suite recevable à exercer l'action civile.

Ainsi, il peut arriver que l'on soit personnellement atteint par le dommage résultant d'un crime ou d'un délit commis envers un tiers ; dans ce cas, il est évident que l'on peut se porter personnellement partie civile.

On peut poursuivre la réparation du préjudice causé par un crime ou un délit aux personnes que l'on a en sa puissance, mais à la condition d'exercer l'action en leur nom personnel.

Dans certains cas, lorsqu'un délit contre un des membres d'un corps ou d'un ordre, atteint, par sa nature, le corps entier, l'action civile peut être exercée par le corps ou son représentant.

Lorsqu'une personne a perdu la vie par le crime ou l'imprudence d'une autre, c'est à sa famille qu'appartient l'action civile. Mais les parents qui veulent l'exercer ne doivent pas invoquer seulement les liens du sang qui les attachaient à la victime, car leur action ne serait pas recevable ; mais ils doivent justifier d'un préjudice appréciable causé par la mort de leur parent. Ceux qui demandent ainsi la réparation de ce préjudice sont admis à intenter l'action simultanément, sans distinction du degré de parenté et dans la mesure de leurs intérêts.

En général, lorsqu'une personne décède après avoir porté plainte, ses héritiers sont fondés à poursuivre cette plainte, car ils recueillent avec la succession le droit à cette réparation.

Ce sont encore les héritiers qui peuvent exercer l'action civile née d'un outrage à la mémoire de leur parent ; car souvent l'outrage, quoique dirigé directement contre le défunt, rejaillit sur ses représentants.

Lorsque le plaignant s'est porté partie civile, le prévenu peut à son tour se porter partie civile contre le plaignant.

Les individus compris dans une même poursuite peuvent se porter parties civiles les uns contre les autres.

L'action civile étant de nature à être cédée, il s'ensuit que le cessionnaire, muni d'une procuration, peut porter plainte et se porter partie civile.

IV.

Le principe que tous ceux qui ont souffert d'un crime ou d'un délit peuvent intenter l'action civile, souffre des exceptions.

Ainsi, celui qui, dans une instance civile, a déféré le serment à son adversaire, n'étant pas admissible à prouver la fausseté de ce serment, ne peut, dès lors, se porter partie civile dans la poursuite intentée par le ministère public, si ce serment est argué de faux.

CONTRE QUI PEUT-ON EXERCER L'ACTION CIVILE ?

L'action civile peut être intentée contre l'auteur du délit, ses représentants, ses complices et contre les personnes civilement responsables.

Quand on intente l'action contre cette personne civilement responsable, devant les tribunaux répressifs, on doit mettre en cause l'auteur du délit ; car, dans ce cas, l'action civile n'est que l'accessoire de l'action publique, et celle-ci ne peut être exercée que contre le coupable.

Voici quelles sont les principales personnes civilement responsables des fautes d'une autre :

1º Le père, et la mère après le décès du mari sont responsables du dommage causé par leurs enfants mineurs habitant avec eux ;

2º Les instituteurs et artisans répondent du dommage causé par leurs élèves ou apprentis pendant le temps qu'ils sont sous leur surveillance ;

Dans ces deux cas, il y a contre la personne civilement responsable présomption légale de faute. Mais cette présomption tombe, et il n'y a plus lieu à responsabilité si la personne poursuivie prouve qu'elle n'a pas pu empêcher le fait qui a causé le dommage. Cette preuve, au contraire, n'est pas admise dans le cas suivant.

3º Les maîtres et les commettants sont civilement responsables, du dommage causé par leurs domestiques ou employés, dans l'exercice des fonctions auxquelles ils les ont employés ;

4º Les hôteliers et aubergistes sont civilement responsables, à raison du crime ou délit causé par une personne pendant son séjour chez eux, des restitutions, des indemnités et des frais adjugés à ceux à qui ce crime aurait causé quelque dommage, faute par eux d'avoir inscrit sur leurs registres le nom, la profession et le domicile de cette personne.

Ils sont encore responsables du vol et du dommage des effets du voyageur commis soit par des personnes attachées à l'hôtellerie, soit par des étrangers allant et venant.

DROIT COMMERCIAL

DES ABORDAGES & DES FINS DE NON RECEVOIR

On appelle abordage le choc de deux navires l'un contre l'autre. Cet accident a, dans le Code de commerce, ses règles spéciales qui varient selon la cause qu'on peut lui assigner. Il peut, en effet, provenir de la faute du capitaine de l'un des deux navires, ou être un cas purement fortuit. On conçoit que la responsabilité du capitaine, du propriétaire, des chargeurs et des assureurs varie selon que l'avarie peut être considérée comme provenant de fortune de mer, ou de fait de l'homme.

I.

L'abordage peut être purement fortuit, ou causé par la faute de l'un des capitaines. Enfin il peut y avoir doute sur les causes de l'abordage.

Si l'évènement est purement fortuit; si, par exemple, les navires ont été jetés l'un contre l'autre par la violence des vents, il est juste que le dommage dont personne n'est la cause volontaire ni involontaire soit supporté sans répétition par celui des navires qui l'a éprouvé.

Mais si l'abordage a lieu par la faute de l'un des capitaines, c'est celui qui, par son imprudence ou par sa négligence en a été la cause, qui doit le réparer.

Enfin s'il y a doute, non sur les causes de l'abordage comme semble le dire le texte de l'article 407, car dans ce cas la présomption serait que l'abordage est fortuit, mais sur la personne à qui l'on doit attribuer la faute, dans le cas où, étant certain que l'abordage n'est pas fortuit, on ne peut néanmoins déclarer quel est le capitaine qui l'a occasionné, le dommage est réparé à frais communs et par égale portion par les navires qui l'ont fait et souffert. Pour cela, des experts estiment le tort que chaque navire a éprouvé, et la somme résultant de l'addition de ces deux évaluations est divisée, pour être supportée par moitié entre chacun des navires qui se sont heurtés.

L'abordage causé par un homme de l'équipage qui n'a pas compris un commandement ou qui l'a mal exécuté, provenant de la faute d'un individu des faits duquel le capitaine est garant, doit être assimilé, quant à la responsabilité civile qui en résulte, à l'abordage causé par la faute du capitaine lui-même.

L'appréciation de la nature de l'abordage est une question de fait soumise à l'arbitrage du juge. La Jurisprudence a établi sur ce point quelques présomptions importantes.

Ainsi, lorsque deux navires se présentent pour entrer dans un port d'un accès difficile, le plus éloigné devant attendre que le plus proche soit passé, il y a, en cas d'abordage, présomption de faute contre le dernier venu. — Ainsi encore, le navire qui court à voiles déployées est censé avoir abordé par sa faute, celui qui, étant à la cape, n'a pu se mettre à l'écart. — En cas d'abordage entre deux navires dont l'un naviguait vent arrière, l'autre le vent au plus près, c'est celui qui avait vent arrière qui est présumé en faute. — Toujours sauf preuve contraire.

Il existe encore une présomption concernant les abordages arrivés dans la navigation en rivières. Les bâtiments qui remontent le cours d'une rivière doivent faire place à ceux qui descendent. Mais ces derniers doivent les avertir de se ranger vers la terre. La responsabilité de l'abordage tomberait par suite, sur le navire descendant s'il avait négligé d'avertir l'autre, sur le bâtiment remontant, s'il n'avait pas obtempéré à cet avertissement.

Dans tous les cas où un navire faisant une manœuvre requise pour le salut public d'un autre, éprouve quelque dommage sans la faute du capitaine ni de l'équipage, il doit en être indemnisé par le bâtiment dans l'intérêt duquel la manœuvre a été faite.

II.

L'abordage peut endommager non seulement le navire, mais encore le chargement. Voyons quels sont ses effets à l'égard des chargeurs.

Si le dommage provient de la faute du capitaine, les chargeurs ont contre lui une action en indemnité. Ils peuvent même intenter cette action contre l'armateur responsable des faits du capitaine.

Mais si l'abordage a été fortuit, il rentre dans la classe des avaries simples, et le dommage qui en provient est supporté par la chose qui l'a souffert. Et il en est de même s'il est douteux que l'abordage soit ou non fortuit, car tout abordage doit être réputé fortuit s'il y a doute. Les exceptions faites à ce principe ne le sont que pour des raisons de police, et ne s'appliquent qu'au navire.

Ce sont les juges qui fixent les dommages-intérêts résultant de l'abordage après expertise. Mais s'ils trouvent dans la cause des éléments suffisants de décision, ils peuvent en fixer le *quantum* sans expertise préalable.

III.

Voici maintenant quels sont les effets que produit l'abordage à l'égard des assureurs.

Si l'abordage a lieu fortuitement, c'est une avarie simple, les assureurs répondent du dommage qui en résulte quand à la chose assurée.

Si l'abordage a été causé par la faute du capitaine de l'autre navire, il n'en est pas moins considéré, dans les rapports de l'assureur avec l'assuré, comme fortune de mer, et par suite l'assureur répond du dommage, sauf à recourir ensuite contre le capitaine du navire abordeur.

Il n'en est pas de même si c'est le capitaine du navire assuré qui est en faute : dans ce cas, à moins de conventions spéciales, l'assureur n'est pas responsable.

Dans le cas où l'on ne pourrait reconnaître quel est celui des deux capitaines qui est en faute, l'assureur répondrait de la part du dommage mise à la charge du navire assuré. Le propriétaire du navire assuré se ferait, dans cette hypothèse, payer par l'assureur le dommage éprouvé, quel qu'en soit le montant. L'assureur recourt ensuite, mais à ses risques et périls, contre le propriétaire de l'autre navire débiteur de la moitié du montant total des dommages.

IV.

La loi fournit quelquefois au défendeur à une action judiciaire un moyen de faire écarter la demande en faisant décider, sans qu'il y ait à en examiner le mérite, que le demandeur n'a pas le droit de la former. Ces moyens prennent, en procédure, le nom de fins de non-recevoir.

Il existe, en matière d'abordage, contre le capitaine d'un navire abordé, une fin de non-recevoir très-importante : toute action tendant, soit à obtenir la réparation du dommage causé par un abordage dont l'auteur est connu et en faute, soit à faire contribuer à un abordage, est non recevable lorsque l'accident est arrivé dans un lieu où le capitaine a pu agir, et qu'il a laissé passer vingt-quatre heures sans faire sa réclamation, ou si cette réclamation n'a pas été suivie, dans le mois, d'une demande en justice.

Si l'abordage a eu lieu en pleine mer, on ne fait courir cette prescription de vingt-quatre heures que du jour où le capitaine a pu agir.

Ce défaut de protestations ou réclamations établit la présomption légale que les dommages ou avaries dont on se plaint tardivement n'existent point, ou du moins ne dérivent pas de la cause à laquelle on les attribue.

Si le capitaine du navire abordant continue sa route et ne peut être trouvé, la protestation peut être valablement signifiée au navire le plus voisin.

Si dans le délai de vingt-quatre heures se trouve un jour férié, ce jour ne compte pas, et la protestation peut être faite le lendemain.

On a distingué entre le cas où l'abordage ne cause que des avaries et celui où il a causé la perte totale du navire. La courte prescription dont il s'agit semblerait devoir ne s'appliquer que dans le premier cas. Le mot « dommages causés par abordage » qu'emploie l'article 435 ne paraît pas pouvoir comprendre la perte totale. D'ailleurs, la loi a établi un bref délai pour signifier la protestation, de peur que l'on n'attribue à l'abordage des accidents survenus postérieurement, fraude qui n'est pas à craindre en cas de perte totale.

Il est donc assez généralement admis que le cas de perte totale d'un navire est soumis aux règles du droit commun.

DROIT ADMINISTRATIF

DE LA COMPÉTENCE DES CONSEILS DE PRÉFECTURE

EN MATIÈRE DE VOIRIE

Dans son sens le plus général, la voirie comprend toutes les voies de communication soit par terre, soit par eau, en tant qu'elles font l'objet des règlements ou de la surveillance de l'autorité publique.

Cette définition nous fournit la division du sujet : nous étudierons séparément les règles concernant les voies de communication par terre, et le régime des eaux.

VOIES DE COMMUNICATION PAR TERRE.

Suivant la nature et le degré d'importance des communications, la voirie se divise en grande et petite voirie.

Grande Voirie.

La grande voirie comprend :
Les rues faisant suite aux grandes routes;
Les chemins de fer concédés par l'État;
Les rues de Paris.

Les routes se divisent en routes nationales et routes départementales. Les premières sont à la charge de l'État, les secondes à la charge des départements. Les premières sont classées ou déclassées par décret, les secondes par décret après délibération des Conseils généraux ou par décision du Conseil général suivant qu'elles se prolongent ou non sur le territoire d'un autre département.

En cas de déclassement il peut être réservé, par arrêté du préfet en conseil, un chemin d'exploitation, et les propriétaires riverains ont un droit de préemption sur les parcelles de terrain se trouvant au-devant de leur propriété.

Les chemins de fer font partie du domaine public. Ils sont exploités par des compagnies concessionnaires justiciables des Conseils de préfecture dans les réclamations survenues entre elles et l'État, pour l'interprétation du cahier des charges, ou entre elles et des particuliers relativement aux dommages-intérêts réclamés à raison de la construction des voies ferrées.

Aux termes de la loi du 28 pluviose an VIII, le Conseil de préfecture doit connaître de toutes les difficultés qui peuvent s'élever en matière de grande voirie. Il peut donc avoir à prononcer sur les cas suivants :

1° En matière d'alignements. — On entend par alignement l'acte par lequel l'administration détermine, pour chaque riverain de la voie publique, la ligne sur laquelle il peut établir, le long de cette voie, des constructions, plantations ou clôtures. Aucun de ces travaux ne peut être fait le long d'une voie publique sans autorisation préalable. Si l'alignement donne lieu à une expropriation, le jury d'expropriation fixe l'indemnité, et en cas de réclamation, le contentieux se porte devant le Conseil de préfecture. Le Conseil de préfecture prononce aussi sur les contraventions résultant d'inobservation des règlements ou de défaut de demande d'autorisation.

2° En matière de police du roulage. — Le Conseil de préfecture connaît les contraventions aux règlements de police du roulage, en tant qu'elles affectent l'état matériel de la route. On peut citer, par exemple, celles qui concernent la largeur du chargement, les mesures prises pour assurer la communication les jours de dégel, les précautions pour la protection des ponts suspendus, et tous les dommages causés à la route par la faute du conducteur.

3° En matière d'anticipations. — S'il y a anticipation sur la largeur de la route, le Conseil de préfecture ordonne la réintégration du sol, mais en se fondant seulement sur la largeur légale que doit avoir la route, sans s'occuper de la question de propriété, qui est du ressort des tribunaux judiciaires.

4° En matière de contraventions de grande voirie telles que dépôts et détériorations. — Il est investi d'une juridiction répressive pour toutes les contraventions de grande voirie. Les peines qu'il peut appliquer étaient autrefois l'emprisonnement et des amendes fixes et arbitraires. — Mais on lui a enlevé le droit de prononcer la peine de l'emprisonnement, et la loi du 23 mars 1842 a fixé, pour les amendes arbitraires, un maximum de 300 fr., et lui a permis d'abaisser les amendes fixes jusqu'à un minimum de 16 fr.

Petite Voirie.

La petite voirie comprend :

La voirie urbaine, c'est-à-dire les rues et places des villes, bourgs et villages, sauf celles qui font suite aux grandes routes, et sauf les rues de Paris. On l'appelle aussi voirie municipale ;

La voirie rurale, c'est-à-dire les chemins vicinaux et les chemins ruraux.

Les chemins vicinaux sont ceux qu'un acte de l'autorité publique a reconnus nécessaires à la communication des communes. Suivant leur degré d'importance, ils se divisent en chemins vicinaux de grande communication, — d'intérêt commun, — ordinaires. Ils sont imprescriptibles comme faisant partie du domaine public communal.

Les chemins ruraux sont ceux qui n'ont pas été classés parmi les chemins vicinaux. Ils sont compris dans le domaine privé communal.

La compétence des Conseils de préfecture en matière de petite voirie est très-limitée. En aucun cas la loi ne leur attribue de juridiction répressive : ce sont les tribunaux de simple police qui en sont investis. Le Conseil de préfecture ne connait que des anticipations commises à l'égard des chemins vicinaux. Cette compétence s'étant aux rues faisant suite à ces chemins. Elle est purement contentieuse.

Quant aux chemins ruraux, toute question d'anticipation se résolvant, à leur égard, en une question de propriété, les tribunaux ordinaires ont seuls qualité pour prononcer.

La petite voirie, à l'exception des chemins de grande communication, est soumise aux règlements locaux en ce qui concerne la police du roulage.

DU RÉGIME DES EAUX.

Il importe de distinguer quelles sont les eaux qui font partie du domaine public et celles qui n'en font pas partie, la compétence administrative étant plus ou moins étendue selon le cas.

1. Les eaux du domaine public embrassent le domaine public maritime et le domaine public fluvial.

Le domaine public maritime comprend les ports, hâvres ou rades de commerce qui font partie de la grande voirie et sont soumis aux règles précédemment exposées, et les rivages de la mer. Il est défendu de faire sur le rivage des ouvrages qui portent atteinte à la sureté ou au libre accès des côtes, comme d'y bâtir, d'y planter des pieux, etc. Les contraventions à ces règles étant des contraventions de grande voirie, sont de la compétence des Conseils de préfecture.

Le domaine public fluvial comprend les fleuves et les rivières navigables et flottables. Ce n'est qu'en tant que ces cours d'eau peuvent être considérés comme voies de communication qu'ils font partie du domaine public. Aussi, d'un côté, cette domanialité embrasse-t-elle toutes les voies de communication par eau, qu'elles soient navigables naturellement ou au moyen d'ouvrages d'art ; et, d'un autre côté, ce domaine est-il limité à ce qu'exigent les besoins de la navigation. Ainsi, les rives de ces cours d'eau sont la propriété des riverains, les alluvions leur profitent. Mais les besoins de la navigation ont fait grever ces rives de servitudes légales de halage et de marchepieds.

Le domaine public étant hors du commerce, ne doit jamais subir d'empiétements.

Les réclamations qui peuvent s'élever en matière de domaine public fluvial ont pour cause ou des questions de propriété, — et alors elles rentrent dans les attributions des tribunaux de l'ordre judiciaire,— ou des questions relatives à des travaux détériorations et anticipations, et elles sont alors de la compétence des Conseils de préfecture en vertu de leur attribution générale en matière de travaux publics, et de grande voirie.

Le Conseil de préfecture connaît donc :

Des difficultés contentieuses auxquelles peuvent donner lieu des travaux dont les eaux du domaine public seraient l'objet ;

Des anticipations et détériorations commises sur les eaux du domaine public ;

Enfin il règle l'indemnité due aux riverains des cours d'eau nouvellement déclarés navigables ou flottables, à raison de l'établissement des chemins de halage.

2. Les cours d'eau non navigables ni flottables ne font pas partie du domaine public ; mais comme ils sont soumis à la surveillance et à la police de l'administration, le Conseil de préfecture est encore appelé à prononcer quelquefois sur les difficultés qui les concernent.

Ainsi le Conseil de préfecture connaît des difficultés relatives aux travaux d'entretien et de curage de ces cours d'eau, ainsi qu'au recouvrement des rôles dressés pour le paiement de ces travaux.

Il fixe l'indemnité due aux riverains de ces cours d'eau, pour qui le droit de pêche est un véritable droit de propriété, lorsque les mesures prises par l'administration, pour favoriser la reproduction du poisson, emportent perte temporaire du droit de pêche ou diminution de ce droit.

Il est encore appelé à connaître de certaines difficultés relatives aux travaux d'endiguements, de desséchement des marais et de curage des petits cours d'eau, par suite de l'assimilation de ces travaux aux travaux de grande voirie. (Loi du 16 septembre 1807.)

Il arrête, en matière de travaux de ce genre, les cotisations qui doivent être à la charge des propriétaires, et prononce sur les difficultés auxquelles peuvent donner lieu l'exécution des travaux ou la perception des taxes. C'est encore le Conseil de préfecture qui, en matière de travaux de desséchement, approuve l'estimation des terrains à dessécher.

Le Professeur-Président de la thèse,
ALFRED JOURDAN.

VU ET PERMIS D'IMPRIMER :
Le Recteur de l'Académie d'Aix,
Officier de la Légion-d'Honneur,
J. VIEILLE.

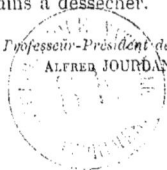